사랑 없이 어찌
모과나무에 모과꽃이 피랴

조성림 시집

사랑 없이 어찌
모과나무에 모과꽃이 피랴

달아실시선
93

달아실

보조 용언과 합성 명사의 띄어쓰기 등 본문의 맞춤법은 시인의 의도에 따른 것임.

시인의 말

참으로 세상 멀리도 달려왔다.

내 몸 위에서 꽃이 폈고
또 내 몸 위에서 새가 울었다.

많은 세계를 돌아다니며
온갖 삶의 웃음과 비애도
두 눈으로 또 가슴으로 처절히 보아왔다.

계절은 강물처럼 흘러오고 또 흘러갔고
내 몸이 낙엽이 되는 것을 슬퍼하지 않았다.

나도 한낱 풀잎으로 태어났고
또한 무궁한 상상력으로 떠다니던 구름이었으며
밤이면 저 무한한 별에 닿아 소스라치고는
늘 외경과 찬사를 보냈다.

내가 할 수 있는 일이란 그저,
이 찬란한 자연 위에서
장미처럼
그래도 사랑할 수 있을 때
뜨겁게 사랑하는 것일 뿐.

2025년 6월 현곡시거(玄曲詩居)에서
조성림

차례

사랑 없이 어찌 모과나무에 모과꽃이 피랴

시인의 말　5

1부

묵시　12
예감　13
꽃살문　14
바다가 보이는 집　16
눈사람　18
양구 백자박물관　20
첫사랑　22
사랑나무 아래　24
배꽃　26
아버지　28
야무나강　30
봄 바다　32
달　33
모과　34
우물　36

2부

선운사 동백 40
그럼에도 불구하고 사랑은 썩지 않는다 42
녹동항에서 잠들지 못하다 44
바람의 궁전 46
몰운대에 와서 48
뺑대 50
흑산도 52
어수리 54
서귀포 55
천안행 2 56
미륵 58
그물코 60
빈방 62

3부

제진역　64
옛 철원제일교회　66
물의 악보　68
귀가　70
매화꽃 새벽　71
춤　72
청동 나신상　74
안락의자　76
시인의 방　78
나무 시인　80
윤용선 시인을 추억하며　82
호두　84
술벗　86

4부

겨울 찔레　88
달려라 고독　89
어머니　90
좁은 문　94
껍질　95
칸나　96
풀협죽도　97
떡　98
어린 것　100
병　101
삼광조　102
봄 편지　104
후회　105
바라캇 컨템포러리　106

해설 _ '깊이'의 익어감 혹은 빛과 어둠의 이율배반 • 박성현　107

1부

묵시

한여름 장마에
나무 한 그루 무너져
강물에 떠내려가며
엎어져
흙탕물 위에
한 생애를 써 내려가고 있네

예감

입춘이 바로 코앞인데
지내리 보리밭이 벌써 바람에
파란 갈기를 휘몰아가고

곤줄박이 소리에도
향기로운 봄의 향기가 물씬 묻어
이렇게
가슴을 부쩍 들뜨게 해도 되는 걸까

사방에서 고개를 쳐들고
파도같이 솟구치는 감각의 촉들

어쩌랴,
또 세월을 타고
저 눈부신 강물처럼 반짝거리며
말달려가야 하지 않겠는가

꽃살문

친구는 굳은 결심을 품은 듯
전국의 산사를 돌며
대웅전에 드리워진
꽃살문들을 사진으로 옮겼다

그 아리따운 꽃송이들,
연꽃 모란 국화 나뭇잎 거북등을
문살에 새기고
춘양목의 향기를 넣으며
한 인생도 깊이 새겼겠다

절에서 꽃은
법이요 진리요 극락이라 했는데
그 꽃들에게
빨강 파랑 노랑 하양 주황을 입히며
손길 또한
얼마나 먼 열반에 들떴겠는가

때로

그 색깔도 세월에 지쳤을까
해탈의 다리를 건너
단청을 벗고
민무늬로 자신을 펼쳐나갔고

창호지를 두른
그 밤은 얼마나 황홀한
은하수를 건넜을까

거기,
가슴에 새기는 또 하나의 문이
이 세상 내다보며
눈부시게 젖고 있었다

바다가 보이는 집

몇 년을 구름처럼
비워두었던 집

종내에는 그 어머니도
역병의 세상에서
몇 달 전
먼 별로 떠나시고

그 귀신 같았던 집을
하나 하나
닦아내고 제 자리에
앉혔을 것이다

손때 묻은 물건
하나 하나가
유년 시절의 목소리였을 게고
그 어머니의 목소리가
생생하게
노을처럼 스며들었을 것이다

비어있던 집이 가득
어머니의 수평선으로
울컥 차올랐을 것이다

저 끝없는
엄마의 바다
가도 가도
수평선뿐인 바다

눈사람

마로니에 공원에 꽃이 온다기에
일요일 새벽같이 혼자서
지하철을 타고 달려가는데

어디선가 느닷없이
바람처럼
후드티의 검은 모자를 뒤집어쓴 젊은이가 다가와
내 귀에다 손을 대고는

뭐, 먹을 거 없나요? 하고
애절한 모래 소리가 스쳐 지나갔다
소스라치며 없다고 하니
황망한 바람처럼 또
다른 사람에게 옮겨가는 것이다

풍요롭다는 서울 첫새벽
서럽도록 배고픈
짐승 같은 내가 있어
마로니에 그늘에

한없이 함몰하는데
한 입을 덜
꽃잎이 어디 없었을까

그는 그렇게
숨 고를 새도 없이
눈 깜짝할 새
녹아 사라지고 없었다

양구 백자박물관

아주 오랫동안
달빛이 창호지처럼
백자에 스며들었을 것이다

때로
그 마음이 부풀 대로 부풀어
보름달 같은
달항아리를 낳고 있다

저 달빛 아래
돌다리를 두드리며
달로 건너가는
건반 음이 끝없이 흐르고

이 길을
넋 놓고 가다 보면
겸재 선생도 탄식했다는
금강으로 가는 길인데
백자 아래

마음은 급하고
달빛만 쌓이고 있다

세월도 혼신을 다해
자욱한
풀벌레 선율로 울고 있나니

서러워
뒤돌아보지 못하고
밤새도록
별처럼 울고 있나니

첫사랑

청명이고 식목일
귀는 맑고
모든 곳에선
푸른 물이 돌았다

온갖 나뭇가지에선
꽃이며 새잎이 쏟아져 나와
새소리의 세상

편지에선
향기가 음악처럼 흘러나왔고
우리는 세상이 내려다보이는
2층 창가에 앉아
점심을 먹으며
강물이 우리를 데려다주기를 손 모았다

우리는 나룻배에 앉아
노를 저으며
푸른 가난을 노래했고

시를 지었다

어느새 밤이 다가왔어도
우리는 별처럼 웃었고
설렘으로 가득했으며,

지금도 봄이 오면
그 꽃잎들 다시 찾아와
가슴이 눈보라처럼
휘몰아치곤 하는 것이다

사랑나무 아래

가을이 성큼 내려오는 저녁
거례리 북한강가
사랑나무 아래
사람들 별처럼 모여
푸치니 오페라 토스카가 흐르네

가을꽃 사방에서 정열로 가득하고
절규의 아리아가
밤처럼 타오르네

이 강물의 발원지가
저 먼 북쪽이라 하는데
푸른 별처럼
나 그곳에 가 닿지 못하네

밤이 깊어
풀벌레 소리 자욱하게
별처럼 피어올라
장엄한 노래의

강물로 흐르고 있네

살랑거리는 잎사귀에 부서지는
별빛도 찬란하지만
사랑으로 그대 가슴 더더욱
찬란하게 꽃 피어나고 있네

배꽃

한때는
시를 습작한 지도 이십여 년
시에 닿지도 못한 채
스승이 사시던 중계동에
하루를 머물고 나오는데

그 새벽
배나무밭에
배꽃이 그림자까지도 눈부시어
나는 어찌
시의 수평선에 다다르지 못하는가
서럽게 울면서
배 밭을 빠져나오는데

뒤에 망연히
불심처럼 떠 있는
불암산이 어찌나
빼어났던지
속으로 탄복을 하고는

나는 언제 시가
저 배꽃이나
불암산에
다다를 수 있을까 하고는
나의 생애를 또 한 번 더
말처럼 서럽게 울었다

아버지

오늘은 아버지가 떠나신 지
이십여 년
신록이 짙은
석가탄신일이고 어버이날
거침없이
세상 떠나기에도 아주 좋은 날

당신은 평생
불구의 몸으로
세상을 살아내셨다

또 한때는 그 옛날
생계를 위하여 저 함경도 회령까지
불구의 세월을 이끌고
헤매셨다고 했다
또 한때는
어마어마한 쌀 창고
경비를 서셨는데
밤마다 그 귀한 쌀을 생각하셨을 것이다

나도 평생
불구의 정신을 닦으며
귀한 것을 생각했다

비단 같은
앞마당의 모란은
감탄할 새도 없이 떠나곤 했으나
나는 그 그리움의
순간들을 도아
사무치게 그릇에 담곤 했다
사무치게……

야무나강

꽃이 피었다 져도
부끄러워할 줄 모르는
나를 업고
나,
야무나 강가로 나아가네

당신이
연꽃같이 왔다 간 세월
그 세월,
가난의 슬픈 그림자를
가슴에 안고
나,
이제야 겨우
야무나 강가에 도착하네

강물에 나를 비춰 이제
먼지 속의 달 같은
나를 보네

아우성치는
저 구름 속에서도
맑아지는 한 점
내 영혼을 보네

야무나 강가에서 울며
끝끝내
맨몸의 나를 보네

봄 바다

나는 아직도 저 모래밭을
순진무구한 아이로 달려가고 있다

저 너른 보자기 아래에는
동화 같은 세상이
또한 장관이라고 하는데

보아도 보아도
헤아릴 수 없는 바다의 시간을
흰말 떼의 발굽 소리로
끝없이 달려가고 싶은 것이다

그대를 모래알같이
슬프도록 사랑하기에도 짧은 시간이고
푸르도록 사랑하기에는
더더욱 짧은 시간

달

어머니는 내 마음속에 환하게
늘 달처럼 떠 있다

떠나도 떠나지 않는 달

그 옛날 백마강 강가에서
고즈넉한 어둠으로 가득했어도
아랑곳없이
휘영청 금빛으로 쏟아져 내리던 달빛이
밤새도록 영롱하던 백제의 강물

모든 슬픔 끌어안고 흐른다 해도
거기에 피어나는 한 송이 꽃

모과

영서지방에서는 추위가 칼 같아도
애인처럼
모과나무를 곁에 두고 싶었다

햇살 좋은 봄날
어린 모과나무를 심었으나
이태는 연분홍 꽃만 내다 걸더니
지난해는 물방울 같은
모과 몇이 따라왔다

나도 눈만 뜨면 어김없이
푸른 모과의 황홀한 시간을 따라
나서는 것이었고
주먹을 불끈 쥔 모과와
그 간절함이
하루하루를 채워져 가는 것을
두 눈으로 가슴으로 똑똑히 보았다

오오 세상 그 어디에도

사랑 없이 어찌
모과나무에 모과꽃이 피겠는가

우물

이때까지 당신이라는 우물에서
한 두레박 한 두레박
우물물을 길어 올려
사막 같은 나에게
편지처럼 붓고는 했습니다

생각해보면
운명 같기도 한 세월
하지만 아무리 생각해보아도
정말로 알 수 없는 노릇이었습니다

그 물을 나의 발등에 부으며
거기서
싹이 돋고
잎이 돋고
꽃이 피는 것을
두 눈으로 똑똑히 보았습니다

이 알 수 없는 인생

게다가 꽃향기도 퍼지는 것을 보았고
벌이나 나비까지도
덤으로 흩날리는 것을 보았습니다

생은 참으로
아프기도 했지만
기이하기도 했습니다

석양이 걸린 그 모두를
진정으로 사랑하고픈 마음도
종소리처럼 잔잔하게 멀리멀리
퍼져 나가는 것 또한 보곤 했습니다

2부

선운사 동백

어제는 늙은 말 같은 두 누나와
선운사로 달려갔습니다

내 마음속엔 일 년 내내
동백꽃이 피어서 기다리고 있으나
지난해엔 시간을 못 맞춰
동백나무의 마음만 실컷 보다가
허전한 발을 돌렸습니다

누나들은 힘이든지
절의 처마 밑에
그림자처럼 앉아있고
애기 주먹만 한 꽃들이 흐드러져
붉디붉은 탄성이 한층
몰려들었습니다

그리고는 벌써
제 목숨을 가차 없이
땅바닥에 던지던 모습도

못 본 척 보았습니다

빛나던 청춘도
떨어지는 꽃들도 모두
절 안의 시간이었습니다

그럼에도 불구하고 사랑은 썩지 않는다

반세기 전
습지였던 곳이 묵논으로
다시 생태습지로 복원을 하던
경포 습지에
그 옛날 자생하던
가시연꽃이 되살아나
새초롬히 만발하고 있다

50여 년만의 복원이라는데
그동안 땅속에서
무슨 요술램프의 요정처럼
끝도 없이 기다렸을 것이다

그리하여 마침내
그 휴면 종자가 마법처럼
요술램프를 튀어나와
거대한 요정으로 펼쳐진 것이다

가시연꽃은 어쩐 일인지

어마어마하게 큰 코끼리 귀같이
잎사귀를 물 위에 펼쳐놓으며
잎사귀에도 꽃에도
잔잔한 가시들을 못처럼 박아놓았다

그동안의 고행을 잊지 말라고
꽃피고 열매 맺어도 잊지 말라고
썩지 않은 사랑 아래
경전처럼
뼈아프게 새겨둔 것이다

녹동항에서 잠들지 못하다

이 바다 건너는 소록도,
섬이
어린 사슴을 닮았다는 뜻인데
어제는 병균이 창궐하여
섬으로 가는 길이 막혔다

몇 년 전 스위스에서 온
20대의 두 천사 간호사가
맨손으로 고름을 받아내며
평생 여기에서 몸 받치고
달랑 편지만 남기고는
누累가 될까 봐 아무에게도 알리지 않고
새벽 배를 타고 다시
고국으로 떠났다는데
어스름이 들어차 가슴이 먹먹한
포구에서 잠을 청하고 있다

새벽 2시에 배들은
기침 소리를 쏟아내며

바닷고기를 잡으러 가는지
어둠과 별빛과 불빛을 가득 싣고
망망 바다로
가슴처럼 떠나고 있다

입춘도 지난 지 며칠
바다에는 아직도 잠들지 못하는 불빛들이
유난히도 아프게 춤추고 있다

어린 사슴의 섬이
한평생 병으로 잠들지 못하듯

바람의 궁전

궁전은 200년 전의
옛 영화를 지금 비추고 있습니다

그 앞에는
길고 긴 상점과 상점
상점 앞에는
구름 같은 사람 떼
때에 절은 사람들이
일상생활을 사고 팔고

안내인은 그 옛날을
눈부시게 설명하는데
느닷없이
그림자 같은 여인이
원숭이같이 벌거벗은
아이를 옆구리에 꿰차고
지전을 원하며
검은 손을 내밀고
또 내밀고 있습니다

그 옛날의 연화 아래
슬프디슬픈
하루의 여인은
슬픔 가득한 얼굴로
한 끼를 손 내밀고 있습니다

그 휘황찬란한 궁전 아래

몰운대에 와서

바위와 절벽이 그 옛날부터
빼어난 곳에
이제야 당도하여
벼랑 끝에 서네

벼랑은 서늘하고 절절하네

그 절벽 끝에 소문 난
아름드리 소나무는
몇 번의 벼락을 맞아
끝내 순직했다는데
그마저도 기념이 되는지
죽은 나무 앞에서
살아있는 기념을 찍네

벼랑 아래 마을은
봄이 찾아들어
온통 연두로 물들고
과수원에서는 사과꽃들이

연분홍을 찍고 먼 길 나서는데

날개도 없는 나는
절벽 위에서
절망을 안고서
절경을 노래하고 있네

절망이 비경이 되는
여울의 노래를

뼝대

동강 속에서도
아주 오지의
붉고 장엄한 빗속의 벼랑

아마도 수억 년이 스쳐 갔을 절벽은
장엄을 넘어 장대했고
용이 승천했다는 발톱 자국까지
선명했다

거대한 바위는
작은 구멍들도 잊지 않고 품고 있어
새들의 사랑이라든가
수달의 일상생활도 염두에 두고 있다는 것이
놀랍다

구름이 많다는 백운산을 끼고 도는
제장마을에서
해정한 모래톱과
맨살이 조용하기로 소문난 물결과

그것을 못 참아 속살거리는 여울의 목소리와
가끔씩 어름치를 못 잊어 찾아오는 백로와 더불어
한 열흘 세상과 두절된 채 살아도
나 선경에 들겠다

그 메마른 세월 흘려보냈어도
다시 연두의 새살이 돋아오르는 이 5월
세상 좋은 말로 채색해도 잠깐이라고
강물은 뗏목 같은 말 서둘러 부리고는
손짓하며 여울을 건너가는데

왜 그토록 서러운 그대가
자꾸 발목을 잡는지
이 빗속에서
아리따운 춤을 추고 있는지

흑산도

200년도 더 전의 약전 선생을
그래도 이렇게 늦게서야 찾아간 것이
다행이라 생각합니다
말복에 가 닿던 땡볕 속에
선생의 집을 찾아들었습니다

물고기 창자의 끝같이 좁디좁은
마을 길을 따라 오르니
아직도 위리안치인 채로
홀로 고독한 세월을 보내고 있었습니다

그래도 마을 어두운 아이들을 가르치고
인근 바다 물고기를 관찰하고 기록하던 그 인내만이
내게 처절히 남아 파도치고 있습니다

그 밤같이 어둡던 외로움을
저 물고기자리 같은 별들로 위안을 삼으며
한 자 한 자 기록을 써 내려갔을 그 서러움

검게 보일 정도로
푸르렀을 흑산을
불타는 심정으로 보고 싶었으리라

그 어둠 같은 세월을
그 별자리 같은 고독을

어수리

그 고매한 향기가 물씬 풍기는
저 정선의
깊고 높은 골짜기
골짜기에 하늘을 품고 흐르는
맑디맑은 강

그 옛날 임금님께 진상하였다는 향기
그 향기가
무엇이 그토록 그리운지
항아리같이 가득하다

나도 무슨
사람의 향기로 남을 수 있을까

저 와자지껄한 장날의
정선 풍물시장 안에서도
제 향기를 잃어버리지 않는

서귀포

3월이 다 갈 무렵
유채꽃의 바다에 누워
하루를 보냈다

아직 화산의 기억이 남았는지
가슴은 뜨거웠고
검은 돌들은 구멍이 뚫린 채로 아팠다

절물오름의 단풍나무 분화구를 돌아
남쪽의 바다에 가 닿았다

유채의 한 생애는
온통 빛났고
용암처럼 나를 덮어 버렸다

천안행 2

나는 새해 벽두에
동굴 도사를 찾아
화백이 그려준
추사의 '불이선란도不二禪蘭圖'를 들고
동굴을 찾았다

아무튼 새해는 신선하고도
기막힌 일들로 벽두를 장식했지만

자연 속에서도
세상은 가도 가도 막다른 골목인가

선생과 아주 오랜만에
밤이 이슥하도록
술잔을 나누며
오묘한 생의 꽃잎들을
숱하게 마시곤 했는데
글 속에서 유마거사의
불이선不二禪이라는

글귀를 언뜻 내 비추기도 하였다

미륵

미륵을 빼닮았다는 바위 옆
정자에 누워
미륵을 곰곰이 따라가 보고 있다

미륵은 내세에 성불하여
사바세계에 나타나서
중생을 제도하는 보살이라는데

멀리 서울에서 왔다는 사람도
이 미륵바위에서 사진을 찍고는
서둘러 강가를 따라 가을로 들어갔다

이 늦더위에도
느티나무 잎사귀마다 반갑게 찾아와
일일이 시원한 물결을 일으키는 바람이나
짙푸른 얼굴로 쉬지 않고 흐르는 강물 위에
떠 있는 뭉게구름이나
어느 것 하나
미륵 아닌 것 어디 있을까

말없이 푸르게 다가오는 모든 것들이 오늘
미륵불르 내게 불을 켜고 있는 것이다

그물코

아직도 내 청춘의 그물에 걸려있는 그물코 하나

근덕 덕산리 바다를 지나
십 리 밖 언덕 너머 또 쪽빛 바다

반짝반짝 5월의 눈부신 은어 떼를 지나고

푸른 아지랑이로 넘어가던 산죽 섬을 지나고

곱디고운 십 리의 모래밭을 지나면

맨발로 달려가던 숨 막히는 영혼의 바람

밤이면 어김없이 수평선을 눈물처럼 바느질하던 불꽃

수평선을 쓸어가며 온몸이 파도이던 보리 물결

까무룩 종달새를 띄우던 푸른 바람

지워도 지워도 지워질 수 없는
해당화 꽃잎 밟고 가던 그 쪽빛 청춘

빈방

해안亥安 의 마지막 밤

서러운 가슴과 몸을 눕히던 방

손을 내밀면
가슴이 무너지던 비무장지대

인간의 비애를 넘어
꽃과 신록이 웃음처럼 넘나들던 방

새들과 아이들이 파도처럼 피어나던 곳

이제 그림을 완성하고
석양이 서산에 걸렸으니
그대 옷이 붉어라

3부

제진역

이 역은 동해북부선
휴전선 아래 마지막 역
손끝에서는 푸른
바다가 찰랑거리고,

이 역을 지나쳐 가다 보면
원산 함흥 청진 블라디보스토크 파리 런던까지도
이어진다는,
세상에서 가장
가슴 뛰는 철도 노선

오늘 이곳에 멈춰 서서
풀벌레 소리처럼
파도 소리처럼
가슴 뒤흔드는 음악회를
열고 있다

벌써 멈춰선 지가
70여 년

인간의 어리석음이 고스란히
한 세기에 다다른다

기제라도
가치 타오르는 활 끝의 선율처럼
다시 저 푸른 파도를 타고 끝없이 끝없이
날아가고 싶은 것이다

옛 철원제일교회

사랑은 마치
흐느끼는 파도 위를 끝없이
흰말 떼들의 말발굽 소리로 달려가는
피아노 건반 음이거나

혹은 이 가을
70여 년을
부서지고 깨어진 파편들의 잔해 속에서도
멈추지 않고
그 아리따운 선율로
하늘 위까지
잠자리를 날리거나
영혼처럼
코스모스를 바람에 살랑거리게 하고 있네

어둡고 깜깜한 밤 위로 어김없이
다시 낮이 찾아오거나
구름 끼고 비 내려도
햇빛을 퍼부어 쨍쨍

빛나고 향기로운 열매들을
연주하듯 오래도록
어루만지고 있네

물의 악보

이 가을
악보가 바람에 날려
물에 가 닿고
물이 온통
악보가 되는 것을 보았습니다

피아노도
바이올린도
첼로도
아리아도
맑고 투명한
악보의 춤을 따라
그 선율이 휘장을 두르고
하늘 끝에 가 닿는 것을 보았습니다

나무들도
하나둘 노을 같은
날개를 날려 보내며
가슴 깊이 가을에 닿아

자유였습니다

근엄하게 늙은 바위와 나무와
맑디맑은 피라미 같은
시냇물이 한데 어우러져
투명한 음악이었습니다

그 모두 인제,
서슴없이 그대에게 다가오는
꽃들의 진한 향기였습니다

귀가

내가 언젠가
아주 오래전에 들렀던
타클라마칸 사막으로 여우처럼 떠날 것이다
그 보드랍고 살결 같은 여인의 육체들……
어디에고 침묵으로 일관하던 신비의 문
거기 태양이 매일 장미꽃다발로 솟아오르고
장엄한 대지 위로
그 꽃잎들 산산이 부서질 때
황홀하여라
내가 떠나온 세상과
내가 떠나갈 세상이
그렇게 뒤에 남아 휘날려도
무슨 소용이 닿으랴
모든 것이 음악이고
모든 것이 처절한 그림이어도
그것으로 어느 것 하나 빠짐없이 완전하리

매화꽃 새벽

화백은
아직 때 이른 봄
저 남도
어느 산사
어디에 숨은 듯
매화꽃 터질 거라고

까무룩 설레는 미명을 싣고

한 줄기 빛처럼
야생마처럼

앞뒤 가리지 않고
수묵화로 달려가고 있었다

춤

몸의 구석구석을 꺼내어
음악에 실려 보내며
모래 한 줌까지도
저 천공에 날려야 하리

살아가면서
고독하지 않은 영혼이
어디 있겠는가

손끝 하나하나
몸속의 별을 뿌려대는
이 불길을
또 누가 잠재울 수 있겠는가

동작 하나하나가
꽃잎으로 피어나는
이 깊은 삶의 고뇌

격렬한 회오리바람을 타고 오르며

파도치는 순간마다 불꽃이 되는
장엄한 몸의 노래를
마지막 문장까지 모두
불태우고 있다

청동 나신상

석양이 뉘엿뉘엿
서산의 허리를 붉게
쓰다듬을 무렵

어느 조각가의 뒤뜰인지
뒤뜰도 폐허가 되고
거기
아리따운 여인의 조각상이
알몸인 채로
땅에 처박힐 듯이
청동의 빛깔마저 탈색이 된 채로
나뒹굴고 있다

한때는 날아갈 듯한 사랑이었고
또 한때는 밤새 열정으로
밤잠을 설쳤을 텐데

어찌 어둠인 채로
그 세월을 버렸을까

비록 세상이 벼랑이라 할지라도
꽃잎 같은 시간을
그 사랑을
어떻게 처절하게

안락의자

대나무로 잘 만들어진 안락의자가
초여름
사람도 뜸한
소나무 아래 수풀 허방에
나뒹굴고 있다

어느 집 거실에서
한세월
안락과 부푼 배를 책임졌을 텐데

가세가 기울었을까
혹은 그 안락도 지쳤을까
살을 맞대고 산 세월이
처절하게 버려진 것이다

이제 소나무 그늘에서
소나무 향기에 들어보라는
암시도 들어있는 듯하지만
아니다,

생명으로 산 세월이
푸르러도 서글프다

시인의 방

시인의 방은 마침 잠겨있었고
장마철이라
뙤약볕 아래
소독 중이라 했다

시인은 벌써
50년도 더 전에
세상을 버렸고
파란만장의 생애에도 불구하고
방은 돌처럼 조용했다

입구에는
'시는 나의 닻이다'라는 글씨가
전 생애를 휩쓸어 말했다

생의 땡볕은
여지없이 쏟아졌고
배경으로 서있던
삼각산의 바위들이

후광으로 빼어나게 빛났다

나무 시인

별들이 눈부시게 쏟아지는
가을 아침
팔순이 막 넘으신 나무께서
전화를 하시어
점심을 하자 하셨다

한꺼번에 두 권을 묶으신
시집을 내놓으며
굳이
점심까지 사신다 하셨다

어깨가 굽으신 나무께서는
걸음까지도 거북이처럼 느리셨다

바둑을 두었는데
어찌 된 영문인지 나는
맥도 못 추고 내리
네 판을 패했다
패했어도 가슴이 강물처럼 푸르렀다

가을이 내내 눈부신 오후
혼자서 고독한
먼 한 생애를 걸어
단풍으로 얼룩진
나무 아래로 들어가고 있었다

윤용선 시인을 추억하며

당신이 떠난 지도 벌써 2년
그동안도 무심한 일월은
흘러오고 또 흘러갔습니다

그럼에도 당신에 대한 생각은 부풀었고,
당신은 늘 꽃처럼 만면에 화색을 띠고
평생 시를 짓고
또 꿈으로 아이들을 가르치며
조곤조곤하시던 말씀이
아직도 귀에서
냇물처럼 속살거리고 있습니다

심지어는 떠나시기 전
만년필을 하나 저에게 건네주시며
이 세상 끝까지
처절하게 시를 쓰고 오라고
무언의 말씀을 건네기도 했습니다

이제 지상의 저 푸른 강물처럼

떠나도 떠나지 않은
당신의 얼굴
그 햇살 같은 마음이
지금도 나의 가슴 가득히
봄처럼 피어나고 있습니다

호두

선생은 천안에서
그 고장의 명물을
한 봉다리 보내왔다

흥이 많은 고장
백제의 능수버들이 한세월 내내
늘어져 춤을 추는 고장

호두는 아주 단단하여
비집고 들어갈 틈이 없었다

망치로 겨울 정신을 내려치자
두뇌 같은
부드러운 속살이 가득했다

한 세계 속에 가득한
놀라운 또 하나의 세계

편지 같은 속살을 관통하며

매혹의 한 세계를 쏟아내고 있었다

술벗

벌써 50년이 가깝네
탄광 학교
아니, 석양의 주점에서 수시로 만났으니
모든 것이 술의 세계라
그는 때때로 이웃에게 친구라 소개했지만
사실 띠동갑이었으니 그럴 수는 없겠다
아무렴 수학을 하고 시 나부랭이도 모르던 나에게
무슨 술잔을 떠먹여 주듯 명주실처럼 이어지던 편지로
시의 지평도 넓어졌으리
시는 그리하여 나의 지고한 세계가 되었고
삶을 처절하게 파헤치는 노래였겠다
잔에 대양을 부으며
횡설수설 여기까지 흘러왔으니
이 운명의 강을 무어라 이름 지어야 할까
밤새 석탄의 불을 태우듯
이 까마득한 태고의 날에
나의 불꽃은 걸어가고 있는 것이다
아련하고 눈물겹기까지 한
그 시간을 매만져보며

4부

겨울 찔레

돌담 곁에
붉은 입술이
폭설에 묻히고 있네

폭설에 날아와 묻히는
멧새 한 쌍
사랑처럼
붉은 찔레 열매
겨울 입속에 넣어주네

얼음처럼 춥다는 겨울 속을
열매는 불꽃처럼 씩씩하게
설경인 채로 떠가고 있네

달려라 고독

청춘은 부모도 친척도 친구도 없고
심지어는 애인도 없다 했다

사랑은 차도 집도 돈도
먼저 내밀어야 찾아온다 했다

봉사단체에서 일을 거들며
낮은 임금으로 혼자의 입에
풀칠을 한다는데

봄이 지나가고 꽃이 피고
새가 우는데
사랑은 어디에서 꽃피고 있을까

그래도 저녁이면 인사처럼
원룸에 사는 그대는
고독의 아메리카노 한 잔을 꼭 시켜
가깝고도 먼 어둠 속으로 씩씩하게
들어서는 것이었다

어머니

1
오늘이 어머니 생신이며 기일
말하자면 기이하게도
태어나신 날 떠나셨다

키가 140 정도였으니
키가 170 정도인 아버지가
한번은 난쟁이 좆지럭만 하다고
쌍욕을 퍼부었다
아버진 평생 불구였다

어머니 이름은 박월규
달月 별奎, 밤에 피어나는 보석
아무튼 한글 해득을 겨우 하셔
떠듬떠듬 한글을 붙여 나갔고
인생의 문장을 헤쳐나가곤 하셨다

누나 셋을 초등학교만 보내고
달밤에 찔레꽃처럼

식모살이로 미장원으로 공장으로
어린 나이에 모두
눈물처럼 내몰았으니
명절에도 사막처럼 오질 않았다

어머닌 평생
산에서 땔감을 해대고
노동을 하며 내 학비를 치댔다
나는 고등학교 졸업 후
공장으로 도망가려 했으나 실패했다
실패는 평생 나를 따라다니던 화두

어머니의 일번지는 언제나
'석탄 백탄 타는데 연기만 퍼벌썩 나구요
이내 가슴 타는데 연기도 김도 아니 나누나'
라는 '사발가'였다

우리는 고개 너머 외따로
다 쓰러져가던 초가집에서

해와 달과 별
그리고 산새들과 함께 살았다

어머니는 떠나실 때
아버지 곁에 묻지 말라 하셨다

2
어머닌 마흔하나에 절에서 치성을 드려
나를 낳았다고 했다
어려서는 이십 리 안마산 보광사에
일 년에 한두 번씩 엄마 뒤를
강아지처럼 쫄래쫄래 따라나서고는 했지만
아주 나중에는 불경佛經에까지 이르렀다

어머닌 예순의 나이에도
삼층 건물 공사장에 모래와 자갈을 지고 오르내리셔
밤마다 고통으로 신음을 쏟으셨고
그렇게 내 학비를 한 푼 두 푼 모으셨으니
나 또한 밤마다 베갯잇에

끝없는 눈물을 적시곤 했다

그 와중에
내 생각의 뿌리도 별처럼 깊어졌을까

어머닌 밤이 깊도록
세상에 나가 엎어진 내 무릎의 구멍들을
세월에 튼 손길로 애써 기워주셨고
나는 예쁘게 바느질한 그 솔기에서 그래도
가난한 사랑을 숨 쉬며 쉬어가곤 하는 것이다

좁은 문

북신문北神門
궁궐에서 종묘로 건너가는 문
삶에서 죽음으로 건너가는 문
이승과 저승 사이의 문
나에게로 들어가는 문
깊고도 좁은 문이
한 생을 넓혀주리라

껍질

매미의 무대 의상이
늙은 살구나무를 애무하고 있네
다음 날 보아도 애무하고 있네
검은 나무가 뭐가 좋은가
소리쳐보아도 애무하고 있네
얼음처럼 사랑처럼 찰싹 달라붙어 있네
남의 말은 귓전으로도 듣지 않네
천둥이라도 쳤는지
무녀 같은 사랑에 하늘이 감동했는지
어느 색시 같은 봄날
어여쁜 속치마가 하늘하늘,
거짓말같이 늙은 나무에게도
살구꽃이 시집을 가네
꽃가마같이 요염하게
세상을 다 떠안고 가네
매미도 덩달아 울음을 꽃처럼 쏟아내네

칸나

가을이 다 갈 무렵
어제는 칸나 뿌리를 한 자루 얻어왔다

불타는 여인
온 생애를 전력 질주하여
태양의 후손을 와락 끌어안고 싶다

붉게 타오르는 입술

자전거 위에서 춤추는 내 인생

불타는 저녁놀을 한 짐 지고 가는 당나귀

풀협죽도

가을 길을 끝까지 혼자서 걸어가고 있다

이 길을 걸어가면 영원으로 통한다는데
때 이른 벚나무 잎사귀들이 어느덧
감성주의자처럼 붉게 물들고 있다

숲에서 내려오는 새소리들이
별처럼 반짝거리며 뿌려지고 있다

그 어느 것 하나
아픔까지도
눈부시지 않은 것 없었다

떡

1
앞집 할머니가 문 앞에서 소리쳐
나가 보니
교회 갔다가 떡 한 덩이를 더 얻어
가져왔다고 내밀고 있다

입동도 막 지난 터라
오후 햇볕이 고양이 털같이
보드랍고
성경 말씀 같은 떡 한 덩어리

말씀은 없고
내 손에 놓인 따끈한 떡 한 덩어리

벌써 팔십을 넘어
울퉁불퉁 뒤뚱뒤뚱 걸어가는 겨울 햇발

2
주일
앞집 할머니가 교회에 갔다 오면서
또 가래떡을 더 얻어왔다고
떡 봉지를 내민다

이제 됐다고
같이 사는 시누이나 갖다 드리라고 내미니
더 가져왔다고 굳이 또 들이민다

어쩔 도리가 없어
예수님 같다고 얘기하니
그렇게 얘기 해줘서 고맙다고
거미줄 얼굴 주름에 미소를 얹었다

어린 것

이제 막 갓 태어난
어리디어린 새끼들을 보면
파도처럼
온몸에 저릿저릿 전율이 온다

때로는 눈도 못 뜬 것들

파랗디파란 어린 풀잎

저 망망대해를 건너갈 한 척의 나룻배

갓 태어난 어린 것들을 보면
소낙비처럼
하늘에서 땅까지
끝없는 박수로 힘을 실어주고 싶다

병

봄이면 먼 곳에 있는
새들까지 날아와
나뭇가지에 줄곧 노래를 걸어놓고
둥지를 지었고
알을 낳아 새끼의 날개를 빗질하고는
또다시 먼 하늘의 별로
날려 보냈다

이 멋진 일련의 사건들이
내가 관찰하고 공부해야 할
지고한 일

하지만 나는
허황된 병에 깊이 빠져
한 세상을 탕진하고 순간
흙 속의 별을 꿈꾸기 시작했다

삼광조

팔색조인 여름 철새
긴꼬리딱새를 아시나요?

암컷이 17.5cm
수컷이 44.5cm이고
눈 테와 부리가 파랗고
정수리에 작은 댕기가 있는

여름에는 주로 남쪽
푸른 나뭇가지 사이에서
빛나는 색깔과 꼬리로
행복의 전범典範이듯
둥지를 짓고 새끼를 키우고

누구의 눈에도 아랑곳없이
굴러가는 여덟 가지 색깔로 노래하고
가을에는 더 먼 남쪽 나라로 떠난다는

보아도 믿기지 않는

아름답고도 신비한
한 생 속의 석양같이

인간의 곁에서 살았다는 것만으로도
마음이 한결 휘황찬란한
그 비밀을 한 번이라도 본 적이 있나요

봄 편지

어제는 봄눈이 거울같이 다녀가고
오늘은 올해 농사를 계획하다가
시 한 편을 받았습니다
이상하게도
올해는 유난히 농사가 더 잘될 것 같은
예감이 문득 들었습니다
새들이 다가와 사랑의 색깔로
울다가는 가고
이 끝없는 봄볕에 그만
넋을 놓고 말았습니다
그 모든 것이 돌연
사무치게 그리웠던 것입니다

후회

오래전부터 당료약, 심장약, 비뇨기약을 복용하며
하루하루를 약에 매달려 목숨을 부지하고 있다

근래에는 당료로 인한 것으로 추정되나
체질이 변하여
거의 매일 밤에 입안이 마르고 혀가 꼬이는 것이다

어젯밤에도 실험 삼아
아이스크림을 먹고 잤으나
아니나 다를까
밤에 입안과 혀가 더욱 사막을 헤매는 것이다

아직 이 나이에도 매일
후회로 먹고 살고
깨지기 일쑤인 것이다

더는
내 몸도 내 것이 아닌 것이다

바라캇 컨템포러리*

신문 한 귀퉁이에 쓰여진
'니키 노주미'의 삶과 그림을 찾아
새벽 전철을 타고 올랐는데
경복궁 돌담에는
가을비와 무수히 쏟아지는
노란 은행잎 천지
'누군가 꽃을 들고 온다'는
벌써 40년도 더 전
이란 혁명 이전의 그림을 찾아
단풍 속을 헤매고 있었다
궁궐은 비에 젖어 고즈넉한데
그림 속으로 가는 길은
멀고도 험했다

* Barakat Contemporary: 미술관

해설

'깊어'의 익어감 혹은 빛과 어둠의 이율배반

박성현

시인, 문학평론가

아이러니하게도 이 세계에 존재하는 모든 문자는 감각적인 측면에서 이율배반이다. 문자는 빛과 어둠의 동시적 이중 노출에 포획된 채 '의미작용'이라는 문자와 사물이 얽혀 있는 현상을 표현한다. 다시 말하자. 우리는 문자를 응시하지만, 문자가 가진 빛의 영역, 곧 잉크의 색과 송곳처럼 선명한 점, 유려한 선과 원형 등 물질적인 부분을 볼 뿐이며, 아무리 살펴봐도 문자에 깃들어 있다고 '믿는' 대상의 실재는 찾을 수 없다. 문자가 현상하는 '개념-이미지'는 문자-나-에는 현존하지 않는다는 말이다. 그것은 본질적으로 문자와는 아무런 상관없으며 오로지 지각하는 자의 신경만을 타고 흐르는 무의지적인 활동으로서만 수렴된다.

상형문자도 마찬가지다. 상형문자는 대상을 추상화하고 그 역동성을 간결하고 단순하게 재현한다. 우리는 한자에 펼쳐진 투박한 사물성을 읽으면서 그것이 향한 방향과 대상을 유추하지만, 우선 본 것은 백지에 흡착된 점과 선, 곡선들의 물리적 조합과 행렬이지 '그' 사물 자체는 아니다. 따지고 보면 상형이란 의사-현실이다.

아울러 문자가 배열된 문장의 긴 행렬이나 텍스트도 역시 그 물질적 영역 외에는 닫혀 있다. 문자와 '동일하게' 우리의 망막에 맺히는 것은 그 문자들의 행과 열이며 (문자처럼) 존재한다고 '믿는' 의미, 곧 텍스트가 재현하고 투사하는 사건의 흐름과 총체적 사실은 정신의 영역이자 그 확장과 함축이고 과잉이며 추상적 활동의 영역이다. 확실히 '벚꽃이 흩날린다'라는 문장에는 바람에 날려가는 '벚꽃'은 없으며 다만 우리는 그 영상-이미지를 텍스트에 비추어 사후적으로 생산한다.

이러한 문자와 텍스트의 이율배반은 소위 '랑그'라 불리는 언어의 특이한 구조 때문인데, 초기 언어학이 밝혀낸 바와 같이 인간의 언어 활동이 전적으로 문자가 아닌 정신의 영역에 속한다는 것을 잘 보여준다. 그런 의미에서 문자의 이율배반이란 가시(可視)와 비(非)-가시를 동시에 내포하는 사태, 바로 그것이다. 비유하자면 조성림 시인이 노래한 "절망이 비경이 되는/ 여울의 노래"(「몰운대에 와서」), '절망'과 '비경'을 동시적으로 노출하는 불가사의한 현상이다.

*

지금까지의 언급한 것은 언어를 대하는 인간의 기본적인 문제 중 하나다. 여기서 알 수 있는 것은, '이율배반'이 여전히 유효하며 문학을 둘러싼 모든 현상에 영향을 끼친다는 점이다.

첫째, 우리는 문자의 가시적인 영역—백지에 찍힌 문자를 비롯해 고막을 뚫고 뇌에 안착되는 시각 이미지를 모두 포함해서—을 통해서만 '의미'라는 비가시적인 영역을 지각한다. 이 상호 관계는 인간 실존적 양상과 직결된다. 문자는 '기호'와 '개념'이라는 두 개의 층위로 구조화되어 있으며 이것이 동전의 양면처럼 단단히 얽혀 서로 대칭하고 보완한다. 여하함의 방식으로 지각된 문자는 양자의 얽힘처럼 곧바로 방향과 대상을 확정하며 우리에게 '언어-이미지'를 연다.

물론 문자에 내재한 이러한 '얽힘'은 언어마다 고유한 속성을 가지며 이러한 방식으로서만 존재하는바, 우리는 이 '얽힘'을 스스로에게 각인하면서 개인과 사회 혹은 공동체의 생활을 꾸려나간다. 때문에 '문자의 얽힘'은 조성림 시인이 "북신문北神門/ 궁궐에서 종묘로 건너가는 문/ 삶에서 죽음으로 건너가는 문/ 이승과 저승 사이의 문/ 나에게로 들어가는 문/ 깊고도 좁은 문이/ 한 생을 넓혀주리라"(「좁은 문」)고 통찰한 '문'과 같은 실존의 차원이며, 이로써 언어를 존재의 집으로 통찰한 하이데거의 사유는 정당성을 가지게 된다.

둘째, 우리에게 공동체에 내재한 관습 혹은 정신적 유전자에 각인된 언어의 흔적이 없다면, 문자에서 대상을 끌어내기는 요원해진다. 특히 시문학과 관련해서는 '장르의 강도(剛度)'와 '문장의 밀도'와 밀접하게 연결된다.

'장르의 강도'부터 살펴보자. 만일 문자가 닫힌 문을 열고 가시권 내로 진입했을 때 우리가 마주하는 것은 작품의 총체적 현상, 곧 작가가 생산한 작품과 이를 간섭하는 (감상하는) 독자의 치열한 '존재-게임'의 서막이다. 이들 세 요소가 얽히고 스며들고 멈추고 배척하는 적극적인 활동은 활화산이 터지는 것과 유사한 강도를 갖게 되는데, 이때 작가와 작품, 독자에게 축적된 막대한 언어-에너지는 '블랙홀'처럼 모든 언어를 흡입하면서 중력의 범위를 넓힌다. 하나의 문장은 다른 문장을 불러오고 스며들며 밀고 나간다. 이런 사태는 텍스트 차원에서도 줄곧 발생한다. 특히, '시'의 경우 그 양상이 몰아쳐올 때가 많은데, 시는 고강도의 언어를 변주하면서 문장의 생멸을 주도하기 때문에 아무리 서정성이 풍부하고 여리고 부드러운 작품도 그 내부의 소용돌이는 가히 태풍에 버금간다.

돌담 곁에
붉은 입술이

폭설에 묻히고 있네

폭설에 날다와 묻히는
멧새 한 쌍
사랑처럼
붉은 찔레 열매
겨울 입속에 넣어주네

얼음처럼 춥다는 겨울 속을
열매는 불꽃처럼 씩씩하게
설경인 채로 떠가고 있네
― 「겨울 찔레」 전문

이 한 편의 시는 문자의 얽힘이 장르의 강도에 얼마나 영향을 미치는지 여실히 보여준다. 곧 시인이 반출하는 서정은 '시'만의 드러내는 막중한 함축 그 자체로서, 폭설에도 사랑을 나누는 '멧새 한 쌍'의 정서와 겨울에도 색을 잃지 않는 '붉은 찔레 열매'의 고귀한 의지를 투사한다.

시인은 폭설이 내려 쌓이는 돌담에서 붉디붉은 무언가가 간신히 제모습을 이고 있는 것을 본다. 자세히 보니 입술처럼 붉은 찔레 열매다. 그는 인고에 녹다든 실존의 버거움과 고귀함을 애틋해하는데, 그사이 멧새 한 쌍이 날아와 열매를 쪼아 먹는다. 이 농도 짙은 풍경은 가히 얼음보다 차가운 겨울의, 불꽃처럼 씩씩하게 타오르는 설경을 덮는 수묵화 한 채다. 장르의 강도가 깊어질수록 종래 닫혀 있던 문학 현상은 침식하고야 말 것이다. "화백은/ 아직 때 이른 봄/ 저 남도/ 어느 산사/ 어디에 숨은 듯/ 매화꽃 터질 거라고// 까무룩 설레는 미명을 싣고// 한 줄기 빛처럼/ 야생마처럼// 앞뒤 가리지 않고/ 수묵화로 달려가고 있었다"(「매화꽃 새벽」)는 문장과도 같이.

다음으로 문장의 밀도(密度)를 보자. 아무리 물질적 현상과 정신적 맥락을 구분해도 문자는 불가사의하다. 우리는 태생적으로 소리와 이미지를 결합하도록 훈련되어 있으며 특히 문자의 청각영상은 반드시 그 뜻과 동시에 떠올리도록 프로그램화되어 있다. 문자에서 청각영상과 뜻을 분리하는 것은 애초에 가능하지 않았던 것. 문자는 그것이 인지되는 순간 이미 가시권 내로 도약해 있으며, '문자-이미지'로서 고양된다. 벚꽃과 실재 '벚꽃'은 동전의 양면처럼 동시에 얽힌 '문자-이미지'다. 두 영역은 얽혀 있으나 그 거리를 가늠할 수 없고, 측정되지 않는 만큼 사태는 미묘하게 복잡해진다.

요컨대, 우리는 문장을 읽으면서 '문자'와 '이미지'가 흘러가는 양상을 직관하는바, 작가와 독자의 시차(視差)에 따라, 혹은 서정과 서사의 맥락에 따라 문자는 얼마든지 고밀도의 텍스트로 출력된다. 이러한 현상은 시인이 노정한 시작(詩作)의 핵심을 이루는데, 이를테면,「양구 백자박물관」과 같은 웅숭깊은 시가 그렇다.

아주 오랫동안
달빛이 창호지처럼
백자에 스며들었을 것이다

때로
그 마음이 부풀 대로 부풀어
보름달 같은
달항아리를 낳고 있다
—「양구 백자박물관」부분

 시인은 창호지처럼 투박하면서도 섬세한 백자를 바라본다. 사람의 손으로 빚었다고는 믿기 어려울 정도로 자연스러운 색과 선이다. 오래 바라볼수록 시인은 그 백(白)의 그림자가 '달항아리'와 같다는 생각이 든다. 다시 마음을 정갈히 하고 고요히 숨을 마신다. 시인은 "모든 슬픔 끌어안고 흐른다 해도/ 거기에 피어나는 한 송이 꽃"(「달」)과 같은 백자를 다른 방식으로 응시하는 것. '달항아리'에는 간결하면서도 단호한 '달빛'이, 다시 말해 부풀 대로 부풀어 오른 시인의 마음과도 같은 달항아리에 켜켜이 맺힌 달의 열매가 저 색과 선을 타고 흘러내린다.

여기서 중요한 것은 시인이 시간이 지날수록 가팔라지고 선명해지는 문자와 대상의 '깊이의 익어감'을 통찰한다는 점이다. 문자가 상영하는 부재의 양상이 오히려 의미를 섬세하고 선명하게 만들고 있다. 밀도의 재구성이다. '밀도'가 작품의 의미 생산을 역동적으로 표출하는 순간들이다. 당연하지만 이 밀도에 의해 문자의 얽힘에 무한에 가까운 우회로가 생기며 의미 생산은 더욱 강화된다. 확실히 우리가 읽는 문장의 흐름과 결은 콘크리트처럼 고정되지 않는다. 촘촘하거나 느슨할 때도 있고, 양자가 복합적으로 작용할 때도 있다.

다른 장르와는 달리 '시'에서는 이러한 사태가 작품의 풍미를 한층 더 높이는데, "그 고매한 향기가 물씬 풍기는/ 저 정선의/ 깊고 높은 골짜기/ 골짜기에 하늘을 품고 흐르는/ 맑디맑은 강// 그 옛날 임금님께 진상하였다는 향기/ 그 향기가/ 무엇이 그토록 그리운지/ 항아리같이 가득하다// 나도 무슨/ 사람의 향기로 남을 수 있을까// 저 왁자지껄한 장날의/ 정선 풍물시장 안에서도/ 제 향기를 잃어버리지 않는"(「어수리」) 혹은 "청명이고 식목일/ 귀는 맑고/ 모든 곳에선/ 푸른 물이 돌았다// 온갖 나뭇가지에선/ 꽃이며 새잎이 쏟아져 나와/ 새소리의 세상"(「첫사랑」)이라는 시인 고유의 형이상학으로 완성된다.

*

 앞서 필자는 문자-들의 조합(혹은 배열)과 독자들의 간섭을 얘기한 바 있다. 전자는 언어학이 발견한 가장 기초적인 성찰―언어의 자의성―이며, 후자는 입자와 파동의 결정이라는 양자역학의 특수한 현상(간섭)으로 요약할 수 있다. 두 가지 사항을 고려할 때 우리는 문자의 의미작용 방식을 유추할 수 있는데, 애초부터 문자가 의미로 향하기 위해서는 반드시 무언가의 간섭이 필요불가결하다. 물론 이는 모든 언어에 적용되는 것이지만 '시'의 경우 그 강도와 밀도가 첨예하다. 의미는 독자가 '간섭'하는 순간 발생하고 작용하기 때문이다. 이는 마치 독극물이 들어 있는 상자를 열어야 고양이의 실존 여부를 판별할 수 있다는 '슈뢰딩거의 고양이' 같지 않은가.

 이러한 문장의 예는 작품에 풍성히 산재해 있다. "초여름/ 사람도 뜸한/ 소나무 아래 수풀 허방에/ 나뒹"(「안락의자」)구는 대나무 안락의자는 버려진 듯하지만 시인의 간섭으로 그것이 존재했던 방식과는 실존의 다른 세계를 부여받게 된다. 50년도 전에 세상을 버린 어느 시인의 일갈―돌처럼 조용하게 버려진 것처럼 보이는 '시는 나의 닻이다'라는 글씨도 조성림 시인의 응시(혹은 '간섭')에 곧바로 반응하면서 "생의 땡볕은/ 여지없이 쏟아졌고/ 배경으로 서있던/ 삼각산의 바위들이/ 후광으로 빼어나게 빛"(「시인의 방」)난다.

잊지 말아야 할 것은 어떤 공동체에서 문자가 가시적인 '문자-이미지'로 도약해 보편적으로 통용되기 위해서는 고유한 형체를 갖춰야 하며, 독자가 개입해서 그 '형체'에 공통의 이미지를 부여해야 한다. 이때야말로 언어가 정신적 유전자에 각인되는 순간인바, 인간에게 언어가 선천적인 이유는 그가 태어나기 이전부터 충분히 진행되어 온 문자의 오체투지—'파'(破)와 '균'(龜)과 '멸'(滅)과 '열'(裂)과 '합'(合)이 집대성되었기 때문이라 볼 수 있다. 여기서 우리는 '고양이'라는 문자가 언어-이미지를 구성하는 양상을 읽어내야 한다. 쉽게 설명하면 닫힌 상자 속의 고양이는 의미로 이동해 있으며, 상자를 열 때야 비로소 누군가를 매개로 한 간섭이 발생하며 그 순간 안개 속의 실존은 구원된다. 의미작용이란 그 누구도 가지 않았던 생활을 향한 길의 열림이자 확장이다. '후미진 곳'이나 '모퉁이'는 어느새 중앙으로 이동하거나 꺾어지며, 숨겨지고 격리되었던 것들은 빛 가운데로 들어선다. "뒤에 망연히 불심처럼 떠 있는" 빛:

뒤에 망연히
불심처럼 떠 있는

불암산이 어찌나
빼어났던지
속으로 탄복을 하고는

나는 언제 시가
저 배꽃이나
불암산에
다다를 수 있을까 하고는
나의 생애를 또 한 번 더
말처럼 서럽게 울었다
―「배꽃」부분

  그가 세상의 상자를 여는 것은 어쩌면 시가 '배꽃'이나 '불암산'에 다다를 수 있는지를 가늠하는 방식일지 모른다. 시를 쓴다고 이십여 년 동안 습작에 매달렸지만, 시에 닿지 못한 그는 스승이 사는 중계동에서 상자 하나를 발견한다. 새벽이었고, 배나무밭에 배꽃 그림자가 눈부시다. 시의 수평선이 보이기는 하지만 닿을 수 없는 그 막연함이 서럽다.

  그러나 불암산은 이미 '내 뒤'에 공작의 날개처럼 펼쳐져 있는 것이다. 그는 단숨에 자신의 감각과 사유를 파훼한다. 그가 단지 습작이라고 폄하했던 문장들은 어쩌면

시에 닿았던 생채기였다는 생각에 닿은 것. "뒤에 망연히/ 불심처럼 떠 있는/ 불암산"을 느끼면서 그는 자신의 삶을 되새긴다. 배꽃과 불암산이 마음의 한구석에서 고요히 불당처럼 앉아 있다. "밤이 깊도록/ 세상에 나가 엎어진 내 무릎의 구멍들을/ 세월에 튼 손길로 애써 기워주셨"(「어머니」)던 '어머니'의 모습과도 같은.

그런 의미에서 '닫힌 상자'는 적어도 시인에게는 '다른 곳'에 이르기 위한 또 하나의 문이자 지각변동이 아닐까. 단순한 색과 점, 선으로 명멸할 문자를 보편적 필연성을 가진 언어로 고양하는 것은 순전히 시인의 의지에 속한다. 그는 문자라는 상자를 열고 간섭하며 얽어놓고서는 그 좌표마다 '시니피에'를 새겨 넣는다. 여기서 완성되는 것은 우리가 '랑그'라 부르는 언어의 골격인바, 시인이 열망하는 언어—곧, 랑가주 혹은 문학적 이미지로 도약하기 유일한 티켓이다.

*

조성림 시인은 존재의 이 '닫힌 상자'를 발견하는 탁월한 감각을 가졌다. 그의 시선은 끊임없이 문자의 어둠을 바라보고 있으며, 그 음지에 각인된 한기를 파헤친다. 그는 우선 대상의 존재 방식을 멈춰 세우고 전에 없던 다른 방식으로의 삶을 부여한다. 그리고 그 삶을 실존으로 생활로 끊임없이 분기하며 우리의 정신적 영역을 확장한다. "한여름 장마에/ 나무 한 그루 무너져/ 강물에 떠내려가며/ 엎어져/ 흙탕물 위에/ 한 생애를 써 내려"(「묵시」)간다는 노래에는 대상을 깊고 진지하게 응시하는 시인의 시선은 물론 대상을 구원하고자 하는 시인의 의지가 동시에 깃들어 있다.

이뿐만 아니다. "신문 한 귀퉁이에 쓰여진/ '니키 노주미'의 삶과 그림을 찾아/ 새벽 전철을 타고 올랐는데/ 경복궁 돌담에는/ 가을비와 무수히 쏟아지는/ 노란 은행잎 천지/ '누군가 꽃을 들고 온다'는/ 벌써 40년도 더 전/ 이란 혁명 이전의 그림을 찾아/ 단풍 속을 헤매고 있었다/ 궁궐은 비에 젖어 고즈넉한데/ 그림 속으로 가는 길은/ 멀고도 험했다"(「바라캇 컨템포러리」)에 잘 나타나 있듯, 40년도 더 된 니키 노주미의 〈누군가 꽃을 들고 온다〉라는 이란 혁명 전의 그림을 관람하기 위한 그의 노정도 동일한 궤도에 놓인다. 그는 새벽 전철을 타고 올라와서 가을비와 무수히 쏟아지는 샛노란 은행잎이 전부인 경복궁 돌담을 걷는다. 새삼 변덕스러운 날씨지만 그래도 시인은 '그림 속으로 가는 길'이라는 새로운 사태를 여는 것이다.

그런데 이것은 어떻게 가능했을까. 답은 의외로 단순하다. 바로 시인이 '순진무구한 아이' 같은 마음을 넘치도록 충분히 가졌기 때문이다.

나는 아직도 저 모래밭을
순진무구한 아이로 달려가고 있다

저 너른 보자기 아래에는
동화 같은 세상이
또한 장관이라고 하는데

보아도 보아도
헤아릴 수 없는 바다의 시간을
흰말 떼의 발굽 소리로
끝없이 달려가고 싶은 것이다

그대를 모래알같이
슬프도록 사랑하기에도 짧은 시간이고
푸르도록 사랑하기에는
더더욱 짧은 시간
— 「봄 바다」 전문

볕이 따사로운 봄 바다에 간다. 계절은 충분히 여물지 않아서 아직 북풍의 한기가 있지만, 그래도 갯벌은 얼음을 뱉어냈고, 바람은 농밀하며 태양은 봄을 펼치고 있다. 시인은 '봄 바다'를 바라보면서 "아직도 저 모래밭을/ 순진무구한 아이로 달려가고" 싶다고 생각한다. 봄은 만물을 소생(甦生)시키면서 말라비틀어진 대지에 색을 입히고 먼 곳과 가까운 곳의 원근을 끌어내며 그 어리디어린 것들을 입체적으로 만드는데, 시인은 '봄 바다'에 얽혀 있는 빛나는 부재(혹은 '미래')를 만끽하면서 그 왕성한 순진무구를 되새기는 것이다―"갓 태어난 어린 것들을 보면/ 소낙비처럼/ 하늘에서 땅까지/ 끝없는 박수로 힘을 실어주고 싶다"(「어린 것」)는 마음으로서 말이다.

응시가 깊어질수록 시인의 내면에는 한 가지 확신이 펼쳐진다. 곧 바다가 천년이고 만년이고 싱그러운 것은 아직 때가 묻지 않은 아이의, 저 '동화 같은 세상'을 숨기고 있기 때문이라는. 요컨대, 노년의 서글픈 밤이 존재하지 않는, "저 너른 보자기 아래"에 펼쳐진 장관―그는 "보아도 보아도/ 헤아릴 수 없는 바다의 시간을/ 흰말 떼의 발굽 소리로/ 끝없이 달려가고 싶은" 욕망을 숨기지 않는다. 숨길 필요도 없다. 오히려 그는 자신의 생애를 요약하면서 "그대를 모래알같이/ 슬프도록 사랑하기에도 짧은 시간이고/ 푸르도록 사랑하기에는/ 더더욱 짧은 시간"이라 선언한다. '화백은/ 아직 때 이른 봄/ 저 남도/ 어느 산사/ 어디에 숨은 듯/ 매화꽃 터질 거라고,// 까무룩 설레는 미명을 싣고// 한 줄기 빛처럼/ 야생마처럼// 앞뒤 가리지 않고/ 수묵화로 달려가고 있었다"(「매화꽃 새벽」)는 아찔한 순간이다.

봄을 기다리는 화백의 애틋한 바람은 남도의 어느 산사, 그 깊은 곳에서도 고요히 터지는 매화꽃의 '까무룩 설레는 미명'과도 같다. 너무 멀어 보이지 않지만 그렇기에 확연히 볼 수밖에 없는 그 수묵화 한 다발은 시인의 어린 아이와 같은 열망을 동력으로 삼아 야생마처럼 시인에게로 달려온다.

꽃이 피었다 져도
부끄러워할 줄 모르는
나를 업고
나,
야무나 강가로 나아가네

당신이
연꽃같이 왔다 간 세월
그 세월,
가난의 슬픈 그림자를
가슴에 안고
나,
이제야 겨우
야무나 강가에 도착하네

강물에 나를 비춰 이제

먼지 속의 달 같은
나를 보네

아우성치는
저 구름 속에서도
맑아지는 한 점
내 영혼을 보네

야무나 강가에서 울며
끝끝내
맨몸의 나를 보네
─「야무나강」 전문

  이제 시인은 봉인된 상자를 열고, 그토록 바라던 '야무나 강가'에 다다른다. "이 강물의 발원지가/ 저 먼 북쪽이라 하는데/ 푸른 별처럼/ 나 그곳에 가 닿지 못"(「사랑나무 아래」)하던 시절은 사라져버렸다. 저기, 어린아이와 같은 순수함이 끊임없이 되새겨지는 문자의 오체투지가 겨우내 감춰져 있던 문자들 사이에서 펄럭이고 날아오르고 있다. 구름 위에 머무르지 않고 방향을 틀어 바다를 향하는 것도 있다. "꽃이 피었다 져도/ 부끄러워할 줄 모르"지만, 그 부끄러움도 삶의 한 실존임을 그는 너무도 잘 안

다. 야무나강—그가 닿은 형이상학의 한 지류:

시인은 강가를 걷는다. 하나둘 열리는 상자들에서 연꽃같이 왔다 간 '당신'이 보인다. 당신과 함께했던 "가난의 슬픈 그림자"도 그 "먼지 속의 달 같은" 기억을 돋아낸다. 꽃가루처럼 부서지는 빛과 빛을 산란하는 어둠이 동시에 시인을 감싼다. 시인은 더욱더 정교하고 세밀해진다. 백지에 흡입되는 먹물의 속도로 그는 농밀해진다. 이백 년도 전에 약전 선생이 흑산도에서 홀로 느꼈을 외로움과 서러움, "그 어둠 같은 세월을/ 그 별자리 같은 고독을"(「흑산도」) 마주한 것이다.

불현듯 시인은 몸속의 장기들이 타오르는 것이 느껴진다. 어린아이 같을수록 그 맑은 정취는 거세게 아우성친다. 그것은 영혼을 감싸 쥔 빙하와 같은 '울음'이다. 마침내 '야무나 강가'에 다달아 그 모든 기억을 뽑아내는 맨몸의 '나', "숨 고를 새도 없이/ 눈 깜짝할 새/ 녹아 사라지고 없"(「눈사람」)는 나는, "빛나던 청춘도/ 떨어지는 꽃들도 모두/ 절 안의 시간이었"(「선운사 동백」)음을 새삼 깨닫는다. "그동안의 고행을 잊지 말라고/ 꽃피고 열매 맺어도 잊지 말라고/ 썩지 않은 사랑 아래/ 경전처럼/ 뼈아프게 새"(「그럼에도 불구하고 사랑은 썩지 않는다」)긴다.

*

문자의 이율배반은 오히려 시인의 시학(詩學)을 촉진하고 축성(築城)하는 막중한 역할을 한다. 부재학으로써만 충만해지는 이 기이한 현상이야말로 시가 다다를 수 있는 고귀한 형이상학이 아닐까. 그가 온 생애에 걸쳐 간직한 '어린아이-다움'이 '사랑'으로 직관되면서 구체적 형상으로 고양된 것이 '미륵'이 아닐까. 개인과 종교적 이미지를 넘어서고 보편적 인류애로 향하는 아가페의 순결한 백색(白色)과도 같은.

　미륵을 빼닮았다는 바위 옆
　정자에 누워
　미륵을 곰곰이 따라가 보고 있다

　미륵은 내세에 성불하여
　사바세계에 나타나서
　중생을 제도하는 보살이라는데

　멀리 서울에서 왔다는 사람도
　이 미륵바위에서 사진을 찍고는
　서둘러 강가를 따라 가을로 들어갔다

　이 늦더위에도
　느티나무 잎사귀마다 반갑게 찾아와

일일이 시원한 물결을 일으키는 바람이나
짙푸른 얼굴로 쉬지 않고 흐르는 강물 위에
떠 있는 뭉게구름이나
어느 것 하나
미륵 아닌 것 어디 있을까

말없이 푸르게 다가오는 모든 것들이 오늘
미륵불로 내게 불을 켜고 있는 것이다
— 「미륵」 전문

시인은 여정 중에 잠시 쉬어갈 곳을 찾는다. 늦더위는 가시지 않고 여전히 반도를 흔들고 있다. 가까운 곳에 미륵을 빼닮았다는 바위가 있고, 그 옆으로는 사방이 훤한 '정자'가 있다. 몸에 한기가 몰려오고 차츰 무거워진다. 그는 정자에 모로 누우면서 바위의 모양을 곰곰이 살핀다. 어딘지 모르게 바위는 미륵을 닮았다. 아니다. 어쩌면 숨은그림찾기 하듯 바위에 숨어 있는 것이다. 도드라진 코와 입술과 눈매가 어디쯤인지 가늠하는데, 그 독특한 선의 흐름 미륵이 가는 방향을 표시한다는 생각이 든다. 그리고 내처 미륵을 따라가 보기로 작정한다.

"미륵은 내세에 성불하여/ 사바세계에 나타나서/ 중생을 제도하는 보살"이다. 비록 바위에 불과하지만, 저 먼 서울에서 왔다는 사람도 "이 미륵바위에서 사진을 찍고는/ 서둘러 강가를 따라 가을로 들어갔다"는 이야기가 구전될 정도로 예사롭지 않다. 시인은 하나의 화두―"이 길을 걸어가던 영원으로 통"(「풀협죽도」)할 것인가―를 심장에 걸어두고는 오래도록 미륵을 따라간다. 이윽고 시인은 미륵이 분유하는 세계 또한 마주하게 된다. 바다와 하늘이 혼융된 세계, 사계의 순환을 마치고 다섯 번째 계절로 진입하는 세계. 새로 돋는 순백의 살과 같은 세계. 그는 빛과 어둠의 이율배반에서 "이 늦더위에도/ 느티나무 잎사귀마다 반갑게 찾아와/ 일일이 시원한 물결을 일으키는 바람이나/ 짙푸른 얼굴로 쉬지 않고 흐르는 강물 위에/ 떠 있는 뭉게구름이나/ 어느 것 하나/ 미륵 아닌 것"이 없다는 것을 깨닫는다.

"말없이 푸르게 다가오는 모든 것들이 오늘/ 미륵불로 내게 불을 켜고 있"다는 성찰이야말로 그가 연 또 하나의 장엄이 아닐까―"모든 것이 음악이고/ 모든 것이 처절한 그림이어도/ 그것으로 어느 것 하나 빠짐없이 완전"(「귀가」)할 때, 도처가 미륵이고, 모든 사물은 미륵이 된다. 그러므로 그가 마침내 다다른 형이상학은 이것이다―"비어 있던 집이 가득/ 어머니의 수평선으로/ 울컥 차올랐을 것이다// 저 끝없는/ 엄마의 바다/ 가도 가도/ 수평선뿐인 바다"(「바다가 보이는 집」). 끝

달아실에서 펴낸 조성림의 시집

시집 『멧새가 와서 사랑처럼 울었다』 (2022)

달아실시선 93

사랑 없이 어찌 모과나무에 모과꽃이 피랴

1판 1쇄 발행	2025년 6월 25일
지은이	조성림
발행인	윤미소
발행처	(주)달아실출판사
책임편집	박제영
기획위원	박정대, 이흥섭, 전윤호
편집위원	김선순, 이나래
디자인	전부다
법률자문	김용진, 이종진
주소	강원도 춘천시 춘천로 257, 2층
전화	033-241-7661
팩스	033-241-7662
이메일	dalasilmoongo@naver.com
출판등록	2016년 12월 30일 제494호

ⓒ 조성림, 2025
ISBN 979-11-7207-055-7　03810

이 책의 일부 또는 전부를 재사용하려면 반드시 저작권자와 (주)달아실출판사 양측의 동의를 얻어야 합니다.

* 잘못된 책은 구입한 곳에서 바꿔드립니다.
* 책값은 뒤표지에 표시되어 있습니다.
* 이 책은 ◯춘천시, 춘천문화재단 의 후원으로 제작되었습니다.